大学生のときに、建築の歴史をやろうと心に決めて、研究者として生きてきました。建築の歴史のなかでも、日本の、明治以降の近代現代が専門です。

それが思いがけず、45歳のときに建築の設計をすることになり、いまは建築史家として原稿を書く仕事と、建築をつくる仕事と半々くらいの割合です。

建築をつくるとき、私の場合は、設計をするだけでなく、実際にどうつくるかを考えて、山へ木を伐《き》りに行ったり、仕上げとなる材料の実験をしたり、現場では施工にも参加します。むしろ、そこがやりたくて設計しているようなもの。頭で考えたことを、自分の手を動かしてつくってみる、その作業こそが、楽しい。

原稿を書くのと違って、設計のためのスケッチを描いたり、ものをつくったりするのは全然苦にならない。きっと脳の使う場所が違うんだと思います。スケッチを描くのは、人間の脳のなかでも古くから発達した動物に近いところでやっている。一方、言語は最も抽象的なものだから、新しく発達した微妙で弱いところが司っているので、使い続けると本当に疲れます。原稿は〆切の前に書きあげる人は稀《まれ》だし遅れる人は多い。しかし設計は、早々と何案も考えたりします。

私が設計する建築は、屋根に草を生やしたり、木を植えたり、いわゆる普通の建築とは少し違った風体をしています。壁や柱も、栗の木や銅板など自然材料やそれに近いものを独自の仕上げ方で使います。それはしかし、世にいう自然志向とかエコロジーというものとは関係が薄い。表現としての植物仕上げであり、自然材料なのです。

自然と建築の関係は、私にとって設計をするときの最大のテーマです。20世紀のいわゆるモダニズム建築において、自然とどう関係を結ぶかについては誰も何も言及していません。モダニズムの理論は、科学技術的な思想と美学に従い科学技術的な材料でつくるのが前提なので、自然は取り上げようがない。否定も肯定もしていない。

しかし私は、それでは納得できないと思いました。自然——もっと限定すると植物と、人間がつくった人工物である建築との関係を、美学の問題として現代のなかでちゃんと調停させなければならない。

もちろん最初から、そんなことを考えていたわけではありません。始めてみたら、自分のなかからフツフツと湧き上がるものがあり、そこにあとから理由を付けると、そういうことなんだろうと思っています。

目次

藤森照信——建築が人にはたらきかけること

建築史家が建築をつくる暴挙

「神長官守矢史料館」誕生

長野県茅野《ちの》市にある「神長官守矢史料館《じんちょうかんもりやしりょうかん》」（1991年竣工）という施設が、私が初めて設計した建築です。

茅野は私のふるさとで、生まれ育った場所です。生まれた頃、昭和21年当時は諏訪《すわ》郡宮川村高部といいました。諏訪大社上社の本宮と前宮の中間あたりに位置する小さな集落です。守矢家は代々、諏訪大社の祭祀を司る家柄で、私の家とも近所でした。

藤森家も大もとをたどると諏訪大社に連なる家で、照信という私の名前も守矢家の当時のご当主がつけてくれました。

その守矢家が持っている貴重な古文書を収蔵するための建物を、茅野市がつくることになり、相談を受けたことがきっかけでした。

私は建築史の研究者でしたから、設計を依頼されたわけではありません。あくまで相談を受けたのであり、私自身も、当初は自分が設計するつもりはありませんでした。しかし、では誰に設計を依頼したらいいだろうと考えて、永年つきあってきた友人知人たちの作風を思い浮かべても、この土地にふさわしい建築をつくってくれそうな建築家が見当たらない。いやむしろ、彼らに頼むことだけは避けなければとさえ思いました。作風の違いはあれど、現代建築家の多くは、モダンデザインの申し子たち。守矢家の歴史の古さを考えたら、モダニズムでつくることは絶対にやってはいけない。この土地の歴史や風土をよく理解してつくらなければ、神様に失礼にあたる。私自身も、山の裾に広がるふるさとの景色のなかにモダニズム建築が建ってる様を、実家に帰るたびに見たくはないと思いました。

ならば自分で設計するしかない。と決意はしたものの、どう考えればいいかわかりませんでした。伝統的な民家は基本的にはやりたくない。民家の形式も、そんなに古いものではないからです。最初は、民家っぽいものを考えていました。夜、スケッチを描いて、おお！　いいなぁと思うけれど、翌朝起きて見るとほんとに自己嫌悪。こんな歴史に媚《こ》びたような、現在の地域に媚びたようなものじゃだめだと。

しかも、文化財を保存展示する現代建築なので、耐震耐火は必須の条件。もう八方塞がりです。手本がないわけです。伝統もだめモダンもだめ、なおかつ現代技術でやらなきゃ法律が許さない。本当に困りました。

そんなとき、建築家の吉阪隆正《よしざかたかまさ》（１９１７〜80）が戦前、中国東北部の草原で見た小さな泥づくりの家のことを書いた文章に出会い、感銘を受けました。そのことが、行き詰まっていた設計の突破口になりました。

運命の出会いみたいなもので、たまたま神戸に行った日の夜、吉阪さんの弟子であり私と同世代の親しい建築家の重村力《しげむらつとむ》（１９４６〜）の家に寄ったときのこと。朝までしゃべって、できたばかりの吉阪さんの著書があったので、借りて帰って読むとその

処女作「神長官守矢史料館」。外壁は、サワラの割り板と、土壁風に見えるところは、土色のモルタルに藁を混ぜて塗り、その上から本当の土を塗ってある。右手の山が里山。その奥に神の宿る守屋山。

鉄筋コンクリート造、一部木造。科学技術に自然材料を着せる手法を思いついた。

一文があったのです。

読んで何を感じたかというと、私は、設計をするにあたっていろんなことを考え過ぎていた。一番大きいのは、建築関係者のこと。現代建築を批評してきた歴史家の私が、建築を設計するという暴挙を、いままで批評されてきた建築家たちはお手並み拝見と思って見ている。失敗したら大喜びされて、偉そうなこと書いてきたくせに藤森のデザイン力はこんなもんか、と言われるのは目に見えている。歴史家としての仕事にも泥を塗ることになる。そうはさせじ。思わず知らずに周囲の目を意識していた自分に気がつきました。吉阪さんの文は、ものをつくるときは余計なことは考えるな、世間の目とかまわりの評価とか、そういうのはチャラにしてやりなさい、っていうふうに読めた。

それで、おおそうか！ と。文章にも感動したし、そこに描かれていた草原のなかにぽつんと建つ、入り口があるだけの小さな泥の家の描写は、これが私の求めているものだと思いました。吉阪さんの文章から泥の家の形を想像して、それをもとにして案をつくっていきました。あとから、別の本でその家のスケッチを見たら、想像していたものよりずいぶん扁平でしたが。

1作だけは、とにかくつくろうと思い、果たしてできあがってみると、まわりにいるほとんどの人は、何をやろうとしているかよくわからないと言いました。私もよくわからなかった。でも、初めて見てもらった、当時、路上観察学会という活動を一緒にやっていた赤瀬川原平や南伸坊といったメンバーは、とても高く評価してくれました。南がそのときの印象を、「こっちに藤森さんがいて、あっちに藤森さんが建っていた」と書いてくれた。そして、私と同世代の、口さがない建築家たちが、何をやってるかよくわからないけど、どんどんやったらいいと言ってくれた。ほっとして今日に至るわけです。

屋根に植える、草で覆う

1作目をつくって、世間の評価はともかく、私自身がものすごく面白かった。それで、2作目をつくることにしました。「タンポポハウス」(1995年)と名付けた自宅です。

「神長官守矢史料館」で私が試みたのは、防火や耐震のための構造や設備は現代の科学技術でつくり、外側の仕上げに自然材料を使うということでした。これを私は「科学技術に自然を着せる」と言っています。この、着せる手法は、その後の私の建築のベースになります。

2作目には、建築の緑化を考え始めていました。屋上緑化とは違います。ちなみに屋上緑化は、モダニズム建築の祖のひとり、ル・コルビュジエ（1887〜1965）が、1920年代に理論化した「近代建築の五原則」のなかで、第二の原則を屋上庭園としているのです。しかし、コルビュジエは一度だけ全面的に屋上を緑化するものの、その後、何も言わずにやめてしまう。たぶん失敗したと思ったのでしょう。以来、モダニズム建築において植物を取り込むことは、理論化されることはありませんでした。建物のまわりに木や植物があるぶんにはいいけれど、建物に組み込むとなると、手に負えない。美学として両立できない。植物と建築の間には、狭いけれど深い溝があるのです。

失敗したコルビュジエに挑戦しようなどと大層に思ったわけではないですが、建築に自然を取り込みたい、という気持ちがわりと早いうちからありました。建物全面をタンポポで覆うという「超高層タンポポ仕上げ構想」は、設計活動を始める前から考えていたことでした。

きっかけは、路上観察学会です。このヘンな名前の学会の活動では、街のなかのヘンなもの気になるものを収集していて、そのなかのひとつに蔦《つた》のからまるビルがあり

1986（昭和61）年、「路上観察学会」の発足式。東京・神保町の学士会館の前で。赤瀬川原平、南伸坊、松田哲夫、杉浦日向子、荒俣宏、林丈二、一木努などの各氏が集った。

ました。一番デカかったのは、青山にあったビルで、蔦1株で5階分を覆っていました。まるで植物がビルをつくっているような。面白いナァとみんなでそういう「物件」を結構集めてました。

そんななかで、思いついたのが「超高層タンポポ仕上げ」です。一方で、ちょうど同じような時期に、「芝棟《しばむね》」のことを知ったのだと思います。「芝棟」は、茅葺《かやぶ》き屋根のてっぺんに草を植える風習で、おそらく竪穴式住居の時代、寒さしのぎのためにやっていた全面土葺き屋根の名残ではないかと思われます。植える草は、主には野芝ですが、一八《いちはつ》（小さいアヤメ）や岩檜葉《いわひば》、ほかにも、百合、桔梗など乾燥に強いものが選ばれたようです。日本だけでなく、フランスの大西洋側など実はユーラシア大陸の北方にあったことがわかってきました。その姿は、とても面白くて魅力的です。

それで、自宅の屋根面にタンポポを生やすことを考えました。以来、屋根にニラを植えた「ニラハウス」（１９９７年）、てっぺんに庭の松を移植した「一本松ハウス」（１９９７年）、屋根面全面を芝生で仕上げて、さらにてっぺんに椿を植えた「ツバキ城」（２０００年）、松を植えた「ラムネ温泉館」（２００５年）、芝を植えた「ねむの木こども美術館」（２００６年）、屋根という屋根のてっぺんに高野槙《こうやまき》を植えた「ルーフハウス」（２００９年）などなど屋根に植物を植える試みを続けてきました。いまも続けています。「ツバキ城」では、壁面のナマコ壁の目地にも芝生を植えました。

水と日光が生命線の植物を、いかに建築の美学に沿う理想的な形で維持できるようにするか。その仕掛けを考えることが、植物を建築に取り込むための、最大の難所です。その都度様々な方法を試みてきましたが、装置に不備がなくても、こまめなメンテナンスができないと維持していくのは難しい。植物がいかに制御不能な存在か思い知らされ続けています。

そんな試行錯誤の果てにたどり着いたのが、私にとっての植物仕上げの集大成ともいえる「ラ コリーナ近江八幡《おうみはちまん》」です。和洋菓子のたねやグループがつくった施設で、広大な敷地に私は四つの建物を設計し、周辺の整備計画をつくりました。本社屋の「銅屋根」（2016年）以外、メインショップの「草屋根」（2015年）とカステラショップの「栗百本」（2016年）、そして中庭の水田をぐるりと囲む「草回廊」（2016年）は、屋根全面をびっしりと高麗芝《こうらい》で仕上げました。正面入り口からメインショップを眺めた様子は、なかなかのものです。たねやグループは、野菜と植物を専門に扱う「たねや農藝」という会社を持っているので、こうした大規模な屋根の緑化も提案できました。メンテナンス体制もバッチリです。とはいえ、よくぞこんな前代未聞の総植物仕上げの建築を、たねやの社長の山本昌仁さんは〝これでいきましょう〟と了解してくれたものだと思います。

メンテナンスできないとどうなるか、最初にその現実を突きつけられたのは自宅

現在の「タンポポハウス」の前で。屋根に芝生を再生中。
タンポポはもはや残っていない。

「タンポポハウス」でした。あっという間にタンポポが姿を消し、ただの雑草ハウスと化してしまいました。その姿は、夜の闇に浮かび上がると、ツノの生えた巨大な怪獣のよう。わかっているのに、夜に帰宅すると、何度もギョッとさせられてきました。

竣工から四半世紀が経とうとするいま、ようやく建築の美学にかなう草の再生を試みていますがうまくゆくかどうか。

「カワイイ」と言われることの不本意について

こうした私の建築は、建築界のなかではどの系譜にも括れない「異端」なものとして扱われています。むしろ建築界の外、世間の人のほうがすんなりと受け入れてくれているようです。素直に面白そうだと感じるらしい。

それは興味深いことですが、面食らったのは、私がつくる建築はしばしば「カワイイ」と言われることです。特に女性から。もちろん私自身は、カワイイものをつくろうなどと微塵も思っていないし、何がどうカワイイのかさっぱりわからない。そう言われることが嫌でした。

以前、『日経アーキテクチュア』という建築の専門雑誌が、前出の「ラ コリーナ近江八幡」と、「多治見《たじみ》市モザイクタイルミュージアム」(2016年)に女性客が詰めかけていることに注目し、私の建築の特集を組んだことがあります(藤森照信 異端からの逆転 2017年8月24日号)。女性客が詰めかけているのは、片や菓子屋であり、片やモザイクタイルのミュージアムという、女性が好きそうなものを扱っているからですが、建築の力によるところも大きいというわけです。実際、来場者に聞くと、「インスタグラムで知って、自分もここで写真を撮りたいと思った」という答えが少なからずあるというではありませんか。「インスタ映え」というヤツです。まさか自分の建築が、そのような扱いを受けるとは思ってもみませんでした。

「カワイイ」に関しては、いまでも言われたくはないほめ言葉ですが、最近は、何をどうすると「カワイイ」と受け取られるのか、薄々わかってきました。だから極力、そちらの方向に行かないように注意するようになっています。その一方、設計途中でカワイイを入れてみてから止めたりしてます。もはや私の「カワイイ」は不純。気づ

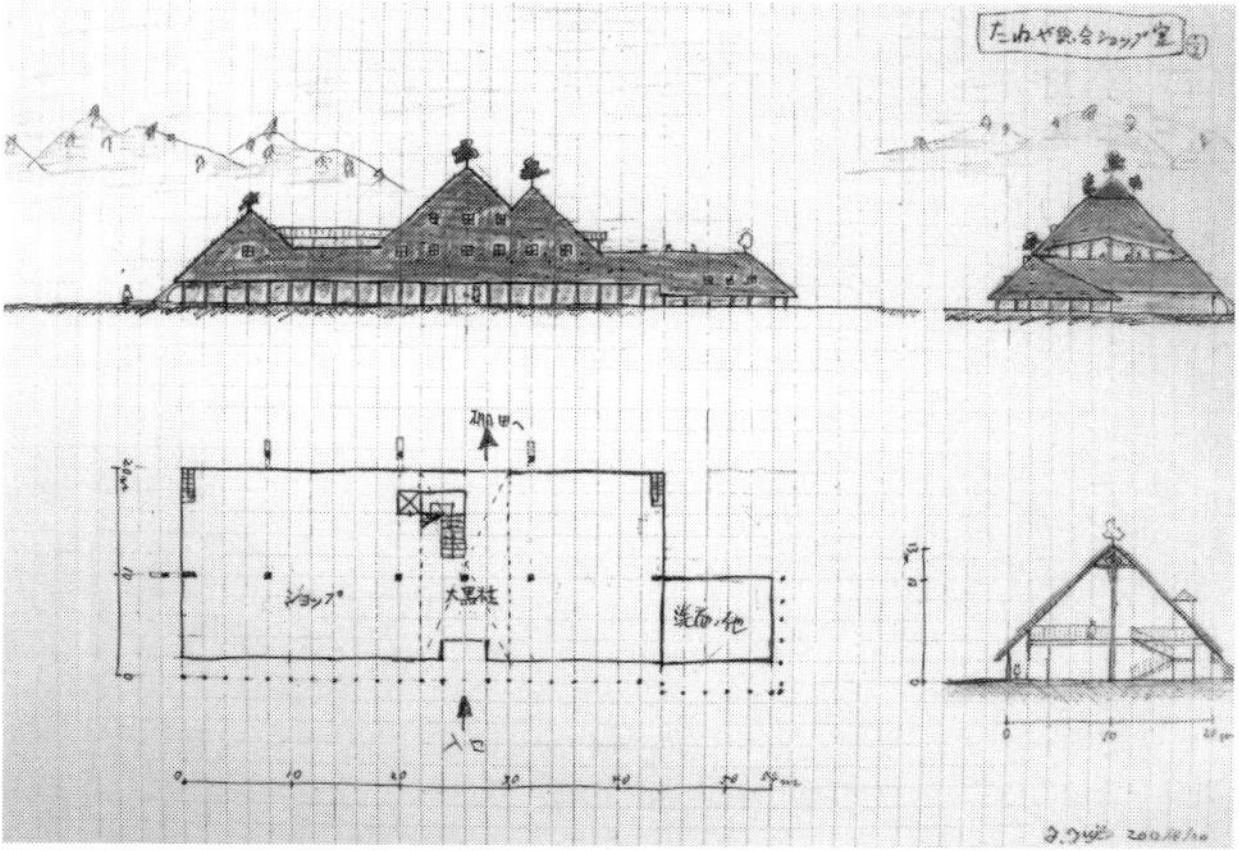

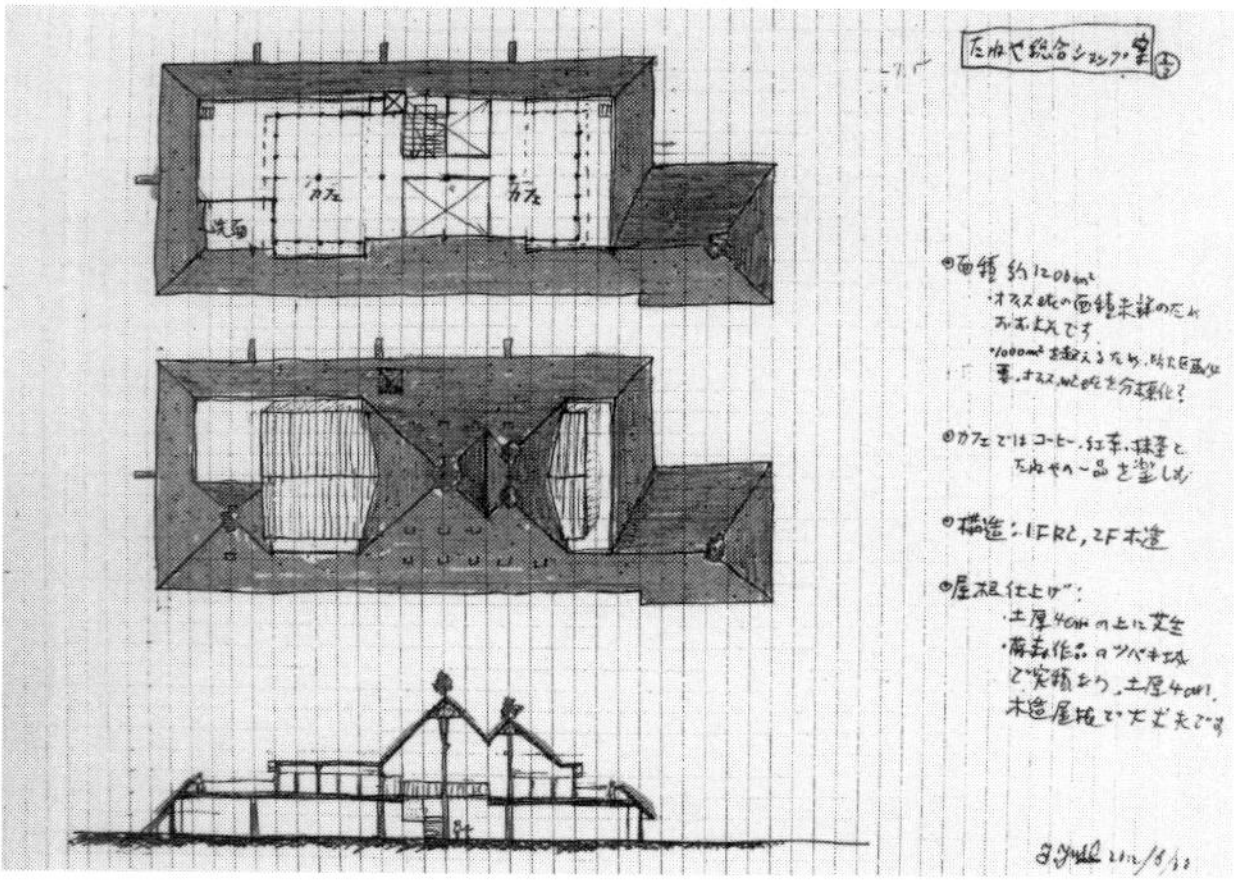

ショップ「草屋根」のためのスケッチ。

かなかった昔には戻れません。

思いがけないという点で、もうひとつ。

２０００年代に入ってから、「一夜亭」（２００３年）、「矩庵《くあん》」（２００３年）、など小屋のような茶室を設計する機会が増えています。

この小さな建築は、それまで感じたことのない感情をもたらしました。つくっているうちに、完成した茶室を誰にも渡したくない、という思いにかられたのです。これまでそんな気持ちになったことはなかったから、自分でも驚きました。それは茶室という建築特有のもので、こんなやっかいな気持ちを抱え続けるわけにはいかないと思い、そのためには一度、自分のために茶室をつくるしかないと考えました。そうしないと、これからも同じようなことが起こる。それで、実家の畑のなかにつくったのが「高過庵《たかすぎあん》」（２００４年）です。ちょうど、諏訪大社の御柱祭《おんばしらまつり》の年が巡ってきていたので、東京からの友人を招くのにもいい。

つくった甲斐あって、そんな気持ちはそれ以降、きれいさっぱりなくなりました。「高過庵」はそれほど私的なものだったので、世間に発表する気はなかったが、見に来る友人もほめてくれる。雑誌で発表してみたら、この建築はひとり歩きを始めて、世界中に知られるようになりました。ほかにつくったものはいくつもあるのに、建築家としての私の名前が世に知られるきっかけになったのは、実はこの小さな小屋のような建築です。ベルギーの人たちが、バスを仕立てて40人ほども見学にきたこともあります。あの集落に、あんなに外国人がきたのは、終戦後すぐGHQがジープに乗って武装解除にきて以来のことです。

「高過庵」は、近くの山から伐り出した2本の栗の木を土台の柱として固定して、その上、地上6・4メートルほどの高さに庵を載せた、文字通り高過ぎる場所にある茶室です。長いはしごを登っていって、床に開けた穴の扉をパクッと押し上げて内部に入る。

その姿の何が人の心をつかむのか？　思うに、建築はもともと誰のなかにも、図画工作の延長のような面白いものとしてあって、それがこの建築から感じられるのではないか。それは、現代建築にはないものなんだろうと思います。

「茶室　徹《てつ》」（2006年）も反響の大きかった茶室です。山梨県北杜《ほくと》市の清春《きよはる》芸術村・

清春白樺美術館内の、周囲を桜の木に囲まれた公園のなかにあます。これは高過ぎはしませんが、やはり1本の檜《ひのき》の木を丸太ごと支柱として立て、その上につくった茶室です。春には満開の桜に囲まれて花見ができるという、見事なロケーションです。「茶室 徹」の場合は、満開の桜のなかで撮った写真の効果も手伝って、これと同じものをつくってほしいという依頼がきました。しかも、外国から。桜に茶室の組み合わせですからね。

もちろん、同じものなどつくれないし、つくる気もありませんが、外国で茶室のような小さい建築をつくる仕事が増えていきました。あのような、小さな小屋みたいな建築を本気で手がける建築家が、珍しいのでしょう。

ちなみに、「高過庵」も「茶室 徹」も、一見ツリーハウスのように見えますが、ツリーハウスではありません。もともとそこにあった樹の上につくったわけではなく、枝ぶりのよい木を選んで伐り倒し、現場に運んで柱として立てて、その上に庵をつくっています。この違いはとても重要。時々、ツリーハウス特集で紹介したいという要請を受けますが、断っています。

雪の「高過庵」。窓からの眺望もバツグン。

梯子を登り、最後は床の穴から中に入る。

焼杉、知らないうちに海を渡る

いま「焼杉《やきすぎ》」が米国で大変なことになっています。

焼杉は、杉や松の板の表面を焼いて外壁などに使う建築材料です。焼いて表面を炭化させることで防虫防水の効果があり、もともと関西の民家で使われていたものです。ある時期から、私はこの焼杉の面白さに注目して、自分が設計した建築によく使うようになりました。「ラムネ温泉館」（２００５年）や「焼杉ハウス」（２００７年）が代表的です。

新建材の台頭で本場関西でもすたれかけていた焼杉を復活させようなどと思っていたわけではないのですが、私が積極的に使ったことで焼杉の存在は全国区になりました。そればかりか、いまや世界的に広がっているらしい。

それを知ったのは、知人が送ってくれた２０１９年のニューヨークタイムズの記事でした。正月号一面トップに、カナダ人が設計した焼杉を使った真っ黒い建物が雪の中に立つ写真が載っていて、その記事には、この真っ黒いのは杉で、それは日本の藤森照信が世界に広めたもの。米国では「ショウスギバン」と呼ばれているが、藤森によると「ヤキスギ」と呼ぶのが正しい、と書いてある。知らないところで焼杉と私の名前がひとり歩きをしていました。

その記事に驚いてからほどなく、ノーベル経済学賞の受賞者から会いたいと連絡がありました。何ごとかと思ったら、彼がカリフォルニアで買った家に焼杉が使われていて、その表面がボロボロ剝がれ落ちている。それは、つくりが悪いのか、そもそも焼杉とはどういうものか教えてほしいということで、来日した際、会いました。そんな問い合わせがあったことにも驚きましたが、彼が買った家のどこに焼杉が使われているかというと外壁だけでなく、聞けば、なんと部屋のなかの壁にも。米国の焼杉は、大半がインテリアに使われているらしいのです。煤《すす》が付くじゃないかと言ったら、「表面にウレタンをかけてある」と。焼杉は、焼いた直後にその真っ黒な炭の表面に虹色が浮かび、それは時間が経つと消えてしまうのですが、ウレタンをかけると残るのだそうです。そうかもしれないけど、私にはできない、と思いました。炭にウレタンを塗るなんて、自然素材じゃなくなると、感じます。

いまや、米国における焼杉の使用量は、日本の千倍くらいはあるはずです。東京ビッグサイトで開かれている日本最大の建築・建材展にも、米国の焼杉メーカーが出店して、日本市場に売り込みをかけています。立派なパンフレットがつくってあって、そこにはやはり、日本の藤森が世界に広めたみたいなことが書いてある。商品名が「ワビ」とか「サビ」とか「○○姫」でちょっと恥ずかしい。

私の建築は、建築本体より焼杉のほうが大きな影響を及ぼしています。影響というのは、本人が考えているのとはまったく違うように波及していくのだと実感しました。

身の丈を超えるものをつくる面白さ

焼杉は、つくり方も面白い。杉の板3枚を釘金で縛って筒状にして立てかけ、その内側で新聞紙2、3枚ねじって入れて燃やします。空気の通り道ができているから、炎は高く燃え上がり、板の内側だけが炭化する。私もこれまで何度も実際につくってきました。ワークショップのようにして、関係者に参加してもらうと、みなさんすごく盛り上がる。

私は建築の面白さのひとつに、美しい空間をつくるとか美しいものをつくるということとは別に、実際につくる作業の面白さがあると思っています。家とか小屋とか、身の丈を超えるものをつくる面白さ。

だから自分が設計する建築については、仕上げに関する部分は自分で試作してみるし、素人施工集団をつくって施工に参加してもらうことも少なくありません。私が、建築の表面、すなわち仕上げに力を入れている一番の理由は、いまどきの建築において素人に手出しができるのは仕上げだけだから。構造、設備は素人がやると後で問題がでるし、禁止されているが、仕上げならば誰でもできる。それに、普通の人にとって仕上げは一番興味深いところです。

最初からそんなことを考えていたわけではないけれど、全体のプランを考えるのと一緒に、仕上げをどうするかは考えていました。私のやりたいことは前例のない場合が多く、専門家が質問に答えてくれないのはわかっていたので、自分で実験しながら

昔から関西で使われていた、8メートルの焼杉をつくっているところ。この作業では、現場に来た人はみな一様に盛り上がる。ふつうは長さ2メートルを焼く。

つくるしかない。

「神長官守矢史料館」のとき、鉄筋コンクリート構造の建物に土壁を着せたいと思いましたが、どうすれば、凍結融解（寒さで一旦凍ったものが解けることで崩れてしまうこと）しない丈夫な土壁をつくれるか、誰もやってないからわからない。建築材料の先生に、凍結融解しない土があるかと尋ねても、そんなものは聞いたことがないと。伝統的な工法ならば土の表面に漆喰を塗って白く仕上げますが、私は土で仕上げたい。現代建築としての機能を満たしながら、土壁に見えるように仕上げたいわけです。自分で実験した結果、土の融解凍結を防ぐためには、土にセメントを入れていくしかないのですが、でも凍結しないくらいセメントを入れると、今度は土に見えない。結局、モルタルを土色に染めて、荒っぽく壁に塗ってから、その上にほんとの土を付けるといいことがわかりました。

私が嬉しかったのは、日本でも屈指の左官である久住章《くすみあきら》さん（1948〜）が見に来てくれたとき、「やられた！と思った。自分も土の表現を自分でデザインしてみたい」と言ってくれたこと。一目見て、久住さんはほんとの土ではありえない、しかし

焼杉と漆喰をストライプ状に外壁に用いた「焼杉ハウス」。

土の表情はしている、と思ったんだと思います。

ものをつくることは、子どもの頃から好きでした。それは仕組みについて工夫をする面白さともいえます。それが——僕らの頃は陣地っていってましたけど——秘密基地なんかをつくっていくことに、だんだん広がっていった気がします。

その頃は、大工の仕事がいいと思ってましたね。厳密にいうと棟梁《とうりょう》になりたかったのかな。気持ちはそれに近いと思います。設計と施工を分離してとらえてはいなかった。家を、建物をつくることは、設計も施工もやることだという認識でした。いまでもその感覚は自分のなかにあって、設計だけじゃつまらない。自分が頭で考えた観念の世界と、現実の世界との接点。それが面白い。

村に育つと、家をつくるようなことは日常の延長にあるからです。村の人たちはみんな、まず木を育てる。山へ行って植林する。植林の仕方にも独特のテクニックがあります。途中で枝を打ったりして、山を管理する山番というのが各家々持ち回りでまわってくる。山番は村の範囲の木を見ながら、よそ者に盗伐《とうばつ》されないように注意を払います。当時、村の山の木はうんと大事な建設材であり、同時に、いまでいえば石油のような燃料。育てて、守って、利用する、という山を中心にした営みを、子どもの頃から手伝ってきました。

私はいま、自分がつくる建物については、極力自分で山に入って木を伐るところから始めます。木を伐る幸福感は格別です。狩猟に近い。おそらく、子どもの頃からの体験の延長にあります。伐るときが一番面白い。次に面白いのは製材するとき。製材するときたとえば樹齢50年の木の内部が、50年ぶりに初めて外の空気に触れる。見ていても、みずみずしさが製材された木の肌から漂うのを感じることができます。普通の人でも興奮し、断片を手にしてニオイをかいだり、持ち帰る人もいる。そうした材料が持っている力を発揮したい、そういう想いがあるんです。

たねやグループによる「ラ コリーナ近江八幡」。ショップ「草屋根」を正面から見る。

回廊の屋根は芝棟になっていて、桔梗が植えてある。

屋根の芝生と雨樋、回廊の軒の取り合い。

中庭から見た「草屋根」（右）と「栗百本」（左）。
屋根を芝で覆い、てっぺんに松を植えてある。
手前の水田含め、ランドスケープ全体を設計している。

中庭の水田からオフィス「銅屋根」を見る。
自然材料と相性がいいという理由で、銅板はよく使う材料のひとつ。

〝ガタガタするのは何ものぞ〟

隣の村は敵の領土

私が育ったのは、長野県の70戸ほどの小さな村で、小さな扇状地に位置します。扇状地を下から見てゆくと、まず田んぼがあって、人家があって、山のほうに畑があって。その上に里山があって、そのさらに奥に諏訪大社の神体山である守屋山という神様の山があるわけです。

ごく普通に、みんなとよく遊ぶ子どもでした。いまも幼なじみとは、しょっちゅう集まっては一緒にいろいろやりますけど、誰もみんな特別なところで育った感じはないですよ。私は大人になって外に出てから、やや特殊なところで育ったんだなと思いましたけど。

遊ぶのは、もっぱら村のなか。たまに山に入ったり、という感じでした。昔の村の子どもは、隣の村には行かない。そこはもう敵の領土だから。私の暮らす集落は、ふたつの川というか沢の間だったので、その境目は明快にわかっていました。いまでいうと、諏訪市と茅野市の界目《さかいめ》のあたりが村の境です。だから絶対に向こうには行かない。行くときは、ケンカに行くとき。つぶての投げっこ。大人は普通につきあってるし、隣村の子たちだから顔は知ってるけど、基本的には遊びには行かない。学校も違うしね。川や橋が境になって、日常的には行かないんです。中学生くらいになって、やっと行くようになりますけどね。村のなかにいる限り安全なんですよ。大人の目がちゃんとある。どこで誰が何をやっているか、わかってる。そういうなかで、自由に遊ぶという毎日でした。

特に私は村のなかではそれなりの家の子だったから、家の外でも自由にできたんだと思います。いまから思うと、自由に育てられたと思う。どうせい、ああせいと、言われた記憶はない。いたずらはするけど、叱られたところでべつにどうってことないですから。いたずらは、ほんとにいろいろしたな。田舎の子どもってね、いたずらが楽しくて生きてるようなもんです。

季節によりますが、畑のスイカを盗《と》ってえらく怒られたり。とはいえ、所詮、盗られた家の人がスイカを持ってきてくれるような怒られ方だから。秋から冬にかけては、野火みたいなことをやりました。土手にヨシが生えていて、大人はそれを焼くわけです。野焼きをやる。子どもはそれが面白いから真似をする。燃え始めると、子どもたちだけでやってるからコントロールができなくて、火の勢いが強くなってこわい。で、逃げる。遠くで見てたりして。よく燃えても、たいていは消えますけどね。たまに野火が小屋につくなんてこともあった。まあ、ごくたまにです。

怪我はしょっちゅうしてました。一番大きな怪我は、小学校4年生くらいだったかな。みっちゃんっていう2年上の友だちが、家に使っていない井戸の滑車《かっしゃ》があるのを見つけてきて人を吊り上げようってことになり、村の神社の桜の太い枝にそれをつけて、私が乗った。みんなで引っ張って一番上までいったところで、向こうの綱に移ろうとして、体重かけたらストンと落ちて。気を失った。通りがかりのおじさんが、あわてて自転車で家に連れてってくれて。血が噴き出してたから町の病院に行って、そこで初めてペニシリンっていう白い液体の注射を打たれたのを覚えてます。医者が「これはアメリカから来た最新の薬で、化膿しないから」って言った。

私は落ちてしばらくして目が開いて、大人も子どももみんなが覗き込んでたところからしか記憶がなかったけど、こないだ村でした工事の合間に聞いたら、みっちゃんいわく、実はみんなこわくなって逃げたんだって（笑）。大人が来たから、また戻ってきたらしい。ちなみに、いまみっちゃんはこの地方一のクレーン屋です。

神隠しにあう

大人になって柳田國男の本を読んだときに、あれは神隠しだったんだと初めて納得した子どもの頃の体験があります。

友だちとふたりで、山へ遊びに行ったときのこと。山へ行くのは、あけびを採るとか、栗を拾うとか、なんとなく行くとか、日常のなかの遊びのひとつです。そのときも山へ入って、ちょっと道に迷った。さらに行ったら、崖みたいになっていて、ザーッと斜面を滑り降りたら、小さな沢に水たまりがあった。まわりに草が生えてて、木があって。とにかく疲れたし、やっと危険なところを脱した気がしたから、その小さな水たまりのほうへ行って休むことにしました。そこがほんとに気持ちがよかった。陶然として。だけど危険も感じました。ここにずっといると、もう親に会えなくなると思いました。それで、あわてて立ち上がってそこを去ったのですが、そのときに振り返ってはいけない、そして、この経験を誰にもしゃべってはいけない、と思ったこともよく覚えてます。無事に家に帰って、このことは一切だまってました。

柳田國男も同じような体験をしていて、それが神隠しなんだと知りました。すーっと気持ちよくてね。ほんとに帰らずにあそこにいたら、ひとりの場合はそのまま凍死したと思う。

そのとき見ていた景色も覚えています。そんなに広くはない、水が溜まっていて草があって、おそらくそのまわりに何かのガスが溜まっていて、陶然とさせたんだと思う。疲れていたし。この話を私が以前、朝日新聞の連載で書いたときに、一緒に山に行った友だちが読んでいてくれて、自分もそうだったと話してくれました。同じように感じていたけど、同じようにしゃべっちゃいけないと思ってたからだまってたと。彼は場所も覚えてるというので行ってみたら、その後の鉄砲水か何かで崩れていて、当時の状態ではなかったけれど場所はありました。いまとなってみれば、山の入り口からすごく近くて、えっ？　ここなの、みたいなとこでした。子どもにとっては道に迷ってるから、とても遠く感じましたけど。おそらく植物が春先に出す、気持ちがよくなる成分があるんでしょうね。

もう一回は大学生になったときに、高校時代の同級生たちといい加減な気持ちで八ヶ岳に登ったとき。下駄やぞうりで登ってたから、途中で登山客からへんな目で見られたりして。

その帰りがけに、花畑みたいなところを通りました。窪みの場所で、みんなで歩いてきて、やっぱりヘンな感じがした。少しして一休みした時に聞いたら、みんなそう思ったって。陶然とする。植物、特に花が咲いていたし、植物が出す、精神安定剤的な働きがある成分なんじゃないかと思いましたね。

どちらの場合も、基本的には疲れている、人家が見えない、完全に森のなかに入ってる、っていう状態だった。

まずいものは滅びる

山であけびを採ったり、栗を拾ったりするのは、自前のおやつでもありました。ほかにはシラクチというキウイの原型みたいな果物も山で採ってきてよく食べました。村には「組合」といって、村がある一軒の家に委託して日用品を売ってもらう店がありました。周辺の三つの村の人たちが買いにくる。そこに飴は売ってたんですが、基本的におやつを買うことはない。でも売っている飴のことはよく覚えています。ごまを練って黒い板状にしたもので、いまもあると思います。バラでガラスの付いた木製ケースに入ってる。親がつくってくれるものとしては、干し芋、干し柿。それから、もう消滅したと思うけれども、もち米を炊いて紫蘇《しそ》とか味のつくものを入れて、ちくわみたいなかたちにして縦に切って、干してカラカラになったのをポケットに入れてよくかじってました。子ども心に、まずいもんだなと思ってました。いまは見かけないところをみると、伝統的な食い物って、本当にまずいやつはやっぱり滅びるんだね。干し芋なんていまでも私は好きだし、干し柿も残ってるものね。干し餅とか呼んでたかな。名前はあった。しょうがねえなあって感じて食ってました。秋の間に干してつくる、冬の食べ物です。

あと、干し柿のために柿の皮をむくでしょ、あの皮を干したものが相当おいしい。甘味があって。とてもいいものだけど、よくあんなもん食ってたなって思います。ほかに食べるもののないからね。だんだん豊かになっていくにつれ、キャラメルを店で買って食うようになりました。1個5銭。円より下の単位で売られてたものはキャラメルだけで、戦後だから制度的には銭なんていうお金はもうなかったはずなのに、穴のあいた5銭玉が流通してた。村のなかだけのビットコイン。

そのあとに初めて、小学校高学年か中学生くらいかな、アイスクリームが出てきたときは衝撃でした。アイスキャンディー状ですが、丸いキャンディーとちがい四角なうえ銀紙で包まれ、青色の印刷がしてあった。いまから思えば、絶対に牛乳なんて使われてなかったと思いますけどね。うまかった！　アイスキャンディーはただの氷みたいなものだからそんなに好きじゃなかった。氷は冬になればいっぱいあるし。アイスクリームは圧倒的でした。食べた場所は家に生えていた杏子《あんず》の古木の下です。

初めての海

うちの田舎では、いまでも寒天が特産品です。当時からいっぱいつくっていて、同級生の親が年に一回、寒天の材料のテングサを買いに伊豆に行ってました。小学校5年生のとき、それじゃあ一緒にということで、父親と私は同級生とそのお父さんについて伊豆に行きました。生まれて初めて海を見ました。

修善寺から土肥《とい》につながる道は、いまでも通ると、オオここだって思い出します。山の上から谷が見えて、その向こうにいくつか白い線が見える。空にヘンな横の線があるっていう感じで、不思議な景色だったから、親にあの白い線はなんだと聞きました。あれが波だって言われて。そしたら、立っていた海がペタンと向こうに倒れた。衝撃でした。それまで、諏訪湖しか見たことがなかったので、横一筋に続く白い波が想像もつきませんでした。もうひとつ、砂浜ってのもわからなかった。田舎には小さな川のほとりの砂しかなくて、見渡す限り砂があるっていう景色がなかった。土肥の海には、だーっと砂浜があって、ほんとにあるんだと思いました。そこにザブザブ波がくだけている。海水があんなに辛いもんだというのも驚きました。塩水っていうから、ちょっと舐めて辛いくらいだと思ったらとんでもなかった。

水平線についても誤解していました。遠すぎて見えなくなっているところにできている線だと思っていたから、遠すぎて見えなくなるという現象が謎だった。のちに、地球が丸いから、何キロか先のただの海水の頭だと知りました。その状態が、海を知らないから想像できないわけです。

田舎で「うみ」といえば、諏訪湖のことでした。「諏訪のうみ」。私のおばあさんは、自分の娘が下諏訪に嫁に行ったとき、「娘がうみの向こうに行ってしまってさみしい」

と言ったそうな。あとから親に聞いた話です。

藤森家のこと

藤森家は江戸時代は庄屋の分家で、伝えでは、巡察にきた殿様を泊める家だったそうです。そのための「上段の間」がありました。

私の親父の伯父さんに当たる人が、明治以降の藤森家の基盤をつくった人です。次男だから家を継げないので養子に行くことが決まっていたにもかかわらず、婚礼の前日に出奔してしまう。1年か2年して帰ってきて、どこへ行っていたと聞いたら、横浜に行って清国人に刺繍を教わってきたと。「縫箔《ぬいはく》」という特殊技能で、当時、田舎にはそんな技術を持っている人はいなかったので供給を一手に引き受けて、それを元手に土地を買って小地主になりました。親父の父親とその伯父のところには、姉妹が嫁に来て、親父は父親がわりと早く亡くなってしまうのですが、その縫箔で成功した伯父さんには子どもがなく、2家族が大家族で暮らしていた。当時、お金のある家の子は師範学校に行くことが多く、親父も長野師範（いまの信州大学教育学部）に行って、学校の先生になりました。

戦後、農地改革で小地主はやめて、戦後すぐ私が生まれたときは、親父が学校の先生で、おふくろがいて姉がいて、記憶にあるのは4人家族のところから。江戸時代からの古くて大きい茅葺きの家に、親子4人で住んでいました。

農地改革は、自分の家で食べる分として耕作していた土地は対象にならなかったので、親父は学校の先生の傍ら、土日は親戚の手を借りて農業をやっていました。だから一応、私も農業は知っているし、まわりはすべて農村の暮らしではありましたが、本業としての農家ではありませんでした。

正月の朝一番の行事

親父はどちらかというと近代化路線で、おふくろは伝統を大事にする人でした。おふくろは上諏訪の町場の出で、諏訪地方では一番大きい棟梁の娘です。当時としては珍しく、女学校を出たあと1年間、東京の文化服装学院に花嫁修業に行ってます。花嫁修業に洋裁、の時代です。

信心深かったおふくろは、古い行事は絶やさず続けてました。思い出しても、いまだに謎の正月儀礼があります。子どもたちが玄関の外に立って、玄関の戸をガタガタってやる。そうすると両親が内側から「ガタガタするのは何ものぞ」って言う。子どもが、がらがらっと玄関を開けながら「いま福の神が入るところだ」と言って入る。そして「おめでとうございます」となる。正月の朝一番の行事です。ほかでは聞いたことがない。あんなものは急に考え出すものじゃないし、親父は子どものときからやっていたというが、私の家でだけやってたんじゃないかと思います。

おふくろは、村に托鉢のお坊さんとか、物乞いの人が来たときは、たいてい茶碗にいっぱい白米を入れて渡してましたね。鉢や袋の中にざらざらっと。炊いてないお米。私もざらざらっとやった。

死んだら山へ帰る

村の人はみんな、諏訪大社の信仰について疑うことはありませんでした。というより、そのなかで生きていた。

諏訪大社の信仰の成り立ちは、いろんな説がありますが、ともかく古い信仰であるのは確かです。どう見ても狩猟時代の行事をやるんですよ。子ども心にもすごいことをやるなって思ったのは、神長官の守矢家の御当主である神主が、神社の前の小川から掘ってきた冬眠しているカエルを2匹並べて、木の枝でつくった弓でバーンと射る。腹に当たって血が出てくる。それを三方に載せて神様に供える。それが諏訪大社の神様の正月一番最初の食事です。「蛙狩《かわずがり》の神事」といって、いまでもやっています。一部の動物愛護の人たちが、やめろって言ってきたりしたそうです。もちろんやめませんけど。「酉《とり》の祭」といって極めて重要な神事があって、そのときは神主たちは鹿の生肉を食べてました。

神様は祠《ほこら》にいて、祠は、家の祠つまり藤森家の祠があり、藤森の一族の祠があり、村の神社があり、全体として諏訪大社があるわけです。全部で4つある。いまでは有名になった御柱祭は、諏訪大社の一番大事な祭りで、6年に一度の御柱年に、氏子は実は4回やります。有名なのは、テレビでも放映されるあの猛々しいものですけど、あれが終わったあと、村の御柱がある。順序があるんです。村の御柱は村だけでやるから、子どもたちも柱に乗れるし、でも相当デカい木を引いてくるんですよ。そのあと、村のなかの藤森の一族の御柱がある。村のなかに大勢いる一族ですが、江戸時代に内紛があって、ふたつに分かれました。飛び出したグループがいる。先のクレーンのみっちゃんはそっちです。それぞれ神社があるので一族で集まってやる。そのあとに、自分の家の神社。うちのは「高過庵」（30ページ参照）の隣に祀ってあります。自分の家の御柱は、自分ちの山の木を伐る。子どもや孫を乗せて、引っ張って、立てる。だから4回。一番大事な行事で、いまでもやってます。

そういう場所で育ってきた自分にとっての信仰は、やはり自然信仰だと思います。山を核にして自然のなかには大事なものが宿っていて、最期、死んだら山に帰っていくんだと思っています。帰る山は守屋山。その守屋山を守ってきたのが、守矢家です。守屋山は村からは見えない。村から見えるのは里山まで。里山を越えていくと守屋山が見えてきて、いちばんてっぺんにちっちゃな守屋っていう祠があります。

子どものときには意識していなかった自然信仰は、いまははっきり自分のなかにあると感じています。20年くらい前に、「あなたにとっての聖地とはなんですか？」というアンケートに答えるような雑誌の企画があって、私の場合は、守屋山とか神隠しにあった体験とかが聖地であり聖地体験で、迷わずそのことを書きました。ほかの人の回答を見たら、具体的に書いてる人はごく少なかった。少しさびしかった。みんな、イスラエルのなんとかとか、聖地論を書く。それは自分にとっての聖地ではない。その雑誌がアンケートをとるような人は、当然そういう体験があっておかしくないと思っていたらそうじゃない。伊勢神宮なんて書いても、伊勢の人はそう思ってるにしても、外の人が書いても伊勢神宮論にしかならない。そのことに、びっくりしました。

生まれた家の思い出

私の生まれた古い江戸時代の家は、すごくヘンなつくりでした。かつて殿様が宿泊したという上段の間は、普段は入らない。お客さんが来たときだけ使っていました。いろりのある板の間が中心で、日々、いろりを囲んで暮らしていました。いろりから見上げると、天井が煤で真っ黒で、そこに明かり取りの窓がある。明かりが入ってくると梁《はり》が虹色というか銀色というか輝いて、その色は覚えています。何で覚えてるんだろうかと不思議でしたが、梁からブランコを吊っていたことをあとから親に聞いて、なるほどと思いました。ブランコから見て上げいた景色だったらしい。

もうひとつ、いろりの記憶とつながっているのが、横にあった戸棚のことです。中にフタ付きの鉢みたいなのがあって、ヘンな黄色い塊が入ってた。それは父だけが食べていいもので、いまにして思うとバターだった。私はとても食いたいと思って、つまみ食いした覚えもあるんだけど、美味《うま》かった記憶はない。親父が食べてるのを見た記憶もないです。もしかしたら、学校の先生は、近代化を教えなきゃいけない立場ですから、授業で使った残りだったのかもしれない。

その記憶の流れでいうと、チーズとの出会いははっきり覚えています。隣の村へ遊びに行くようになっていたから、中学生だったと思います。学校の帰りによく寄っていた同級生の家で、おかあさんが新しいヨーロッパの食べ物だから食べてみろと、お皿に載った白いものを出してくれた。これはチーズだっていう。食べてみても、ボソボソしてるだけで味はしないし、何でヨーロッパの人はこんなものを食ってるんだろう、二度と食いたくないと思いました。その家はヤギを飼っていて、おかあさんは「家の光」を読んで、チーズをつくってみたらしい。「家の光」は、当時の農村近代化の先駆け的雑誌ですから。のちに大人になって、イタリアはヴェニスに行って食品店でモッツァレラというものを初めて見たときに、あれは貴重な発酵前のチーズだったんだと、遠い日の白い塊を思い出しました。

家の話に戻ります。古い家では、ちゃんとしたお客さんは玄関から入ってきますが、家の者は外から帰ってきたら土間から入る。土間は暗いから、目が慣れるまですぐには進めない。ちょっと立ち止まってから入るんです。長野の冬は寒いので、子どもは夜、外の便所に行かなくてもいいように、土間に桶が置いてあってそこに床の上から小便したのも覚えてます。

その土間に接して、ちっちゃな部屋があって、そこが子ども心にすごく気味が悪かった。日頃は絶対に行かない。にもかかわらず、「お部屋」と呼ばれていました。板敷で、四畳半あるかないか。私はその部屋で生まれました。出産の部屋で、一番暗い、じめじめした部屋でした。私が生まれたときは、親父があわてて自転車で産婆さんを呼びに行ったけど間に合わなくて。戻ってきたら、すでに生まれて30分経っていたそうです。

かつて日本の伝統的な村や家には、お産のときに使うこうした産屋《うぶや》がありました。いま京都にひとつだけ茅葺きのが残ってますけど、それは村の家々とは独立しています。産屋は普通、離れたところにある。うちの場合、家のなかの片隅にあったのは、寒い土地だからだと思います。産屋はおそらく古い古い人間の記憶と結びついていて、かつては村単位で使う縄文住居みたいな小屋でお産をする風習があったらしい。うちの村にそういう小屋があったという話は知りません。自分の家のことしか知らない。その「お部屋」には、長持《ながもち》が置いてあって、GHQの兵士が武装解除のチェックに来た時は、刀を長持の中に隠したそうです。私が生まれて以降は使われることもなく、気味が悪いと思いながらも、家のなかで鬼ごっこをするようなときに隠れたりしてました。

面白かった建て替え

その古い家を、私が小学校2年生のときに、親父が建て替えることを決めました。建て替えの1年は面白かった。まず母屋を壊して、家族は隠居家という離れに引越します。いまもその離れの2階に、帰省したときに使っている私の部屋があります。まだ結《ゆい》という制度があって、屋根の茅《かや》をおろすのだけは村人が総出でやる。無償で、村の人はみんな真っ黒けになって膨大な茅をおろして、田んぼや畑に持っていって、ものすごい勢いで燃やす。よく覚えてます。1日でおろしちゃいますから、お祭りみたい。子どもは木製の荷車を後から押したりして。村のおばさんやおふくろたちは、食事の用意をする。

　次は、梁とか小屋組に使われてる材を解体しておろします。大半は新築するときに転用していたことを、最近、ちょっとした改修をしたときに知ってびっくりしました。そうとう細いものでも、全部、転用してる。やっぱり材木は貴重だったんだと思います。それをまず家の前の〝セギ〟と呼んでいた流れで洗う。欄間《らんま》のようなものも、さらに苛性《かせい》ソーダを使って洗って、綺麗にします。そういう作業を見たり手伝ったりしていました。

　おふくろの実家はおじさんの代になっていて、おじさんは建築家になったので、もう大工はやめていて、かわりにおじいさんの一番弟子だったっていう人がまだいたので、その一番弟子のおじいさんがうちに泊まり込んで作業をしていました。さらにその息子と職人が、毎朝自転車で通ってきて工事をやる。だからおじいさんは毎日家にいる。で、おじいさんはおふくろが子どもの頃からよく知ってる立場だから、その子どもの私のことをよく使うわけです。学校から帰ってくると、どっか遊びに行きたいけど、見つかって使われて。まず、カンナ屑《くず》の片付け。屑と端材は燃料にしますから、ちゃんと片付けてためておく。それと、古材を屋根で使うから、ほぞ穴を開けないといけない。まだ当時はドリルはないから、手でまわすマイギリで職人が穴をあける。お前はその穴に水を差せっていう。なんで水を差すのかわからないから聞くと、水を差しておくと、木が柔らかくなって翌朝ノミで彫りやすくなるからだって教えてくれる。ほかにも、壁に使う土をこねるとか、足でふむとか。それは近所のおばさんたちも一緒に。遊びに行きたかったから、手伝わされるのは嫌だったけど、やってみると面白いんですよ。いい経験だった。大工さんは刃物を研いでる時間が長いとか、見てると気づくこともある。

もうひとつ印象深かったのは、木挽《こび》き。古材だけでなく新しい材料も必要なので、家の敷地のなかに直径1メートルくらいの栗の木があって、それを伐って製材して使うわけです。村には製材所があったけど、直径が1メートルを超えるともう丸ノコがかからないから、よそから木挽きが来て、ふたりがかりで挽いていました。その木挽きがちょっとこわかった。普通、職人って子どもがいると、からかったり話しかけたりするけれど、そういうことが全然ない。ひたすら挽いてる。蔵と隠居家の前を作業場にして、1週間くらい挽いてました。相当、不思議な風景だった。音もなく来て、音もなく帰っていって、あとには栗の板が残されているという。〝木挽きの一升飯〟って言葉があるくらいの重労働なんですよ。

よいとまけも面白かったですね。土台の、礎石の下を平らにする。〝なんとかのためならえーんやこーら〟ってかけ声かけて。村の近所のおばさんたちが来てやってました。それはちゃんと工賃を支払ってたと思います。支払わないのは茅をおろす作業だけ。

子どもの時、家の建て替えを経験したことや、建築家になったおじさんの息子、つまり私の歳上のいとこが早稲田の建築に行ったりしていて、何となく大工や建築家っていうことが頭にあったんだと思います。でも自分のなかで、大工と建築家の区別はなかったですね。設計と施工は一つの仕事として頭にあった。

はっきり建築の道を進もうと思ったのは、大学に入るとき。建築はものをつくるし、芸術的な感じもあって、その両方ができるのがいいなと思いました。

のちに知ったことでしたが、うちの村は、大工の村だったんですよ。江戸時代、藤森家本家には、藤森広八《こうはち》っていう名の知れた大工がいて、諏訪大社の布橋《ぬのばし》をつくった。名前は知っていましたが、名の知れた大工であることは、大人になって夏休みに帰省しているときに、建築史をやっている知り合いがひょっこり訪ねてきたことで知りました。何しに来たの？　って聞いたら、藤森家のことを調べにきたって。本家に図面を見にきたというので一緒に行ったら、結構貴重な図面類が伝わっていることがわかりました。田舎の大工くらいに思ってた藤森広八は、全国的に見てもいい仕事をした棟梁だった。そういう人を輩出するくらい、かつて村にいっぱい大工がいたらしいです。

電灯、ラジオ、水道、ガラス

　こうした私の子ども時代は、実は江戸時代とたいして変わらない暮らしぶりだったのではないかと、あるとき気づきました。江戸時代になくて、近代になって入ってきたものが、昭和20年代当時の生活のなかにどれくらいあったろうかと数えてみても、極めて少ない。

近代になって入ってきたものとして、まず電灯。これは古い家の部屋に、ひとつだけ吊り下げられていました。それからラジオ。ただし、親父が真空管を買ってきてつくったラジオですから、まわりの家にはなかったと思います。それから水道。私の村には戦前に引かれたようですが、隣村はまだ井戸でした。それと、ガラス。障子の真ん中に入れるやつで、すりガラスに山水画が描いてある。いまでも障子ごと使ってますが、それが大正9年に村で初めて入ったガラスだったそうで、隣村からも見にきたらしい。

ですから、近代になって家のなかに入ってきたものは、電灯、ラジオ、水道、ガラスだけです。

にもかかわらず、町にあって毎日通う学校はじめ郵便局、警察、役所、病院などは、全部近代になって入ってきたものです。不思議な状況といえます。近代化のシステムは整っているけれど、人々の暮らしはほぼ前近代のままで、そこから近代的な学校や役所へ通って、前近代と近代の間を行ったり来たりしている。東京はじめ、大都会は違ったでしょうが、当時の田舎の農村はだいたいそんなだったと思います。田舎と東京の格差は、今よりずっとずっと大きかった。

それを変えていったのは、やはりテレビと車でしょう。テレビも入ってくるのは遅くて、ウワサは入ってくるけれど、街頭テレビすらない。プロレスの技の飛び蹴りというものが、どういうことか想像できませんでした。仲間のひとりが、あるとき甲府まで行って街頭テレビを見て、そこで初めて目撃した飛び蹴りというものをやってみせた。なんだこんなことかと。みんなで、稲刈りが終わった田んぼに敷いた稲わらの上で、日が沈むまで飛び蹴りを試してました。

「多治見市モザイクタイルミュージアム」。

当初は、年間2万5000人の来館者を見込んでいたが、12万人が訪れる盛況ぶり。

屋根の側面はこんな感じに、松が縁取っている。

ミュージアム入り口。

外壁に埋めてあるのは、地元で昔つくっていたタイルや器の破片。
点検口もぬかりのない仕上げに。

館内の階段。床、壁、天井が同じ仕上げになっていて、土色のモルタルを塗りその上に本当の土を塗っている。

館内最上階につくった「タイルスダレ」。

死んだ世界を生きてるように過ごしたい

不適応を文学に救われる

大学へ進学する頃には、一応、建築をつくりたいと思っていました。でも、だからといって、具体的な将来像はあんまりなかったですね。

高校時代がうんと面白かったから、大学に入ったときに、大学の先生のレベルが知識としても人間としても低くてびっくりした。高校の先生のレベルは、ほんとにすごかったと、それはいまでも思います。おそらく旧制高校がつくった文化だと思いますが、それが残っていて。友だちとも政治や哲学の話をするのが日常だったし、生徒たちが自主的にいろいろやってました。しかし旧制高校的伝統を知らない若い先生から見ると、先生のレベルを品定めしていじめたりする、嫌な生徒だよね。先生の嫌がることをどんどんやるっていう、それが基本。質問した答えに納得できないと、授業中に図書館に調べに行っちゃったりしてました。退屈すると廊下を歩いて抜け出すなんていうんじゃなくて、授業中に窓から紐をたらして二階から逃げるとか。先生もわかっていて、べつに何も言わなかった。反面、立派な先生もいて、知性のレベルが高く人間の度量が大きい、人格的に優れた先生というのは何人かいましたね。そういう先生方は何となく独特の雰囲気があって、そのなかでの自由、やりたい放題だったわけで、特殊解。今から思うとお釈迦様の手のなかの孫悟空みたいなもの。それは外に出て初めてわかる。だから、高校時代の充実の日々はしゃべらないようにしています。

そういう状態で高校時代を送ったから、私も含め高校時代の友だちの多くは、大学で不適応を起こしました。大学ってのはもっとすごいものだと思ってたらそうじゃなかったから。どの大学に行った連中も、がっかりした。そのがっかりは単純なことじゃなくて、ひとつは、高校時代に自分が感じていた自由は、特殊ななかでの自由にすぎなかったというのがわかる。それは大学へのがっかりでもあり、所詮自分はある保護された、温室のなかにいたんだってことがわかるがっかりでもある。

ただ、そういう時期を経ないと先へは進めない。要するに、保護と普通の社会のありかたを初めてそこで知ることになるわけです。そのなかで、じゃあ自分はどうやって生きていくかを考えないといけない。そういう点では、すごくニヒルな感じでしたね。高校時代まで明るく活発に過ごしてきて、一転、どうやって生きていっていいかわからない状態になった。その状態が、自分の外側だけでなく内側にもあることに直面する。私自身の基本的な性格としては、明るいのが好き。活動的なのが充実する。だけど、その時期は、授業にも出ないでひたすら下宿で本を読む、という方向に行きました。初めてそこで、文学の魅力にひかれることになる。大げさにいうと、精神状態が文学によって救われた感じがあるんです。むちゃくちゃ本を読みましたから、救われたという感じもあるし、のちに自分が文章を書くときに役に立ちました。漱石全集なんかは、夏休みに家に帰った時に全部読みました。数学を使って説明する漱石の文学論はわかりづらくて面白くないんだけど、漱石がどういう関心でそういうことをやろうとしたのか、そこは面白かった。

もう二度とナマナマしい世界には戻らない

文学的な世界に関心が湧くようになったことと、もうひとつ、大学に入って初めて、建築の世界が自分が思っていたのと違うことがわかってきました。私は大工と建築家は同じものだと思っていた。ところが大学に入ると、設計と施工（工事）は分離していて設計しかやらない建築家と呼ばれる人たちがいることを知ります。大学の建築学科は施工をする人ではなく設計する人の教育をもっぱらやっている。そういう人がいてもいいけれど、自分が考えてるのとは違う。そこで文学への関心も手伝って、建築の歴史をやろうと思いました。歴史と文学は近いものがある。

大学に入ってほどなく、3年で建築学科に進む前からもう歴史をやろうと思っていました。工学部で歴史があるのは建築だけだったので、学科を選択するときに建築学科を選びました。そして歴史をやるなら、近代をやろうと。近代建築、すなわち明治以降の建築です。

そして明治建築関係の論文を書いて卒業し、その後、日本の近代建築研究をリードしていた村松貞次郎（1924～97）のいる別の大学の大学院に進みました。自分のなかでは大きな決断でした。建築の設計をしたりつくったりするのはナマナマしい現実世界ですが、歴史研究は過去という死んだ世界が相手です。修士、博士と進めばもう後戻りはできない。後戻りする気はなかったけれど、一抹のさびしさはあったんですよ。これでオレはもう二度とナマナマしい世界には戻らない、っていうさびしさです。それまでそういう生き方はしてなかったから、私にとっては大きな決断です。生きてる世界から死んでる世界へ。

死んでる世界へ入ってみると、太田博太郎《ひろたろう》先生（1912～2007）とか立派な教授がいるわけです。太田先生は高校生の頃から建築史家になろうとした人で、活発で優れた人でもある。そういう人が何で高校時代からそんな死んだ世界をやろうとしていたのかっていうのは、いまだにわからない。見た感じは全然違う。酒飲みだし、怒るとお膳ひっくり返すような人だからね。だから、太田先生は死んだ世界に行くって感じはなかったんじゃないかな。ほんとに好きだったんだと思う。私のなかには、歴史の道に行くことは死んだ世界に行くことだっていう自覚がありましたから。それはもう、決断です。

それ以降、死んだ世界を生きてるように過ごしたいと思いました。死んだ世界に行くけれど、死んだ世界を生き生きと過ごしたいとは思った。そう決意を固めてからは、活動的に研究をやり始めました。

当時はまだ、日本の近代建築なんて幕末・明治初期を除くと誰も興味を持っていませんでした。それは当然のことで、私たちの先生世代にとっては、明治中期以降の人たちは歴史上の人物ではないわけです。日本の近代建築は、ジョサイア・コンドル（1852〜1920）という、ひとりのお雇い外国人建築家から始まるわけですが、私だって、コンドルには会ってないけど、コンドルに会ったことのある人は何人も知ってます。私が大学院へ進んだ昭和40年代においては、明治中期以後はまだ歴史ではなかった。思い出や伝聞の段階。没後50年経たないと歴史にならないっていうのは、ほんとなんです。

大学院に入った頃、どこまでわかっていたかというと、幕末の10年間と明治10年までの約20年間。作品集や銅像はあってもコンドル以降の研究や調査は、ほとんどされていませんでした。それでコンドル以前もやり直しつつ、以後も調べるということを私たちの世代がやることになりました。

発見の喜びは解釈の喜びより大きい

最終的には近代建築史の、明治以降、戦前いっぱいの通史を書こうと決めました。そのために三つの目標を立てた。ひとつは、すべての資料を読むこと。ひとつは、建物を全部見ること。もうひとつは、それらの建物に関連した主な遺族全員に会うこと。同じ村松研究室の堀勇良《たけよし》さんと一緒に、三つをやりました。

資料を読むとひとくちにいっても、建築雑誌だっていろいろ出たのを弱小雑誌を含めちゃんと全部読もうとした研究者はそれまでいませんでした。端から読むわけですが、当然、東京都内だけではなくて、いろんなとこへ行って所在を探しては読む。毎週、古書展に行って建築関連の資料も集めていました。

そうやって文献で調べた建築を実際に探し出して実物を見て、見てはまた文献にあたって調べての繰り返し。文献で見た建物がほんとにあったりすると、びっくりする。おおー、あった！　って。調査されてないから、ヘンなことになってるわけです。文献と現実が切れている。文献は図書館で作品集なんかを見ればいいのですが、でもそれが現実にどうなっているかは、行かないとわからない。現状を調べた人はいないから。調べようと思うと、ほんとにめんどくさい。住所を調べて行ってみて、「あった」「ない」ってことですから。だから発見の喜びですよね。発見の喜びは、解釈の喜びよりはるかに大きい。だって東京駅を設計したあの辰野金吾の建築だって、知られてないのが次々と出てくるんですから。竣工当時は有名だったものも、忘れられてますからね。戦後の建築界はモダニズムが中心になって、モダニズムにとって戦前の辰野金吾なんかの歴史主義建築は敵だから、敵のものを調べる人はいなかったんです。

面白かったですね。誰も知らない密林に分け入って発見するようなもの。ちょうど戦前の建物が、人知れずどんどん壊され始めた時期でした。いまのうちに調べておかなくちゃって感じで。暇だったし。ほんと、暇でしたよ。大学院生だったし、歴史なんて、しかも近代なんてやる若い人は全国にいない。私たち村松研究室くらいでした。いまからは考えられないですけど、近代建築は優秀じゃないアカデミストがやるものと見られていて、そう見てなかったのは、東大の戦後の建築史研究を築いた太田先生と関野克《まさる》先生（１９０９〜２００１）。私たちのおじいさん世代に当たる、ふたりの大先生です。おふたりは、建築史において近代が大事と思っていて、でもそれは東大だけの例外的なこと。ほかの大学では明治維新を郷土史の延長みたいな感じで調べてた人が多かった。太田先生の後の稲垣栄三先生（１９２６〜２００１）と関野先生の後の村松先生は日本近代をやっていたので、そういう点では一番いい研究室へ行ったと思います。

私自身がなぜ近代建築だったかというと、それはやはり憧れからなんだと、今は思います。歴史のなかでも民家とか古い街並みにはまったく興味がなかった。だってそういうなかで育ったから。べつに調べることではない。自分の現実みたいな。そういうのを外から調べるっていうのは、やっちゃいけないことのような気がしてました。母親の身体検査をするみたいな感じがある。

その点、近代建築すなわち洋館は憧れの対象です。田舎にも洋館はあって、印象に残ってます。まわりと違う不思議なもの。ひとつはお医者さんの家で、縦長の窓とかヨーロッパ風のカーテンとか。もうひとつはロシア正教の教会じゃないかと思いますが、通学途上の村のちょっとはずれの空き家。

ロシア正教は明治の頃、日本中に特に東日本を中心に流布して、一般のキリスト教よりはるかに力を持っていた時期がある。だから御茶ノ水のニコライ堂が建つわけですが、とはいえ、諏訪のあんなとこまで来てたのかなと思います。謎めいたものでした。そういうのが私にとって興味をひく建築で、それが近代建築史をやることに結びついていったんだと思います。

相撲を取るように建築を見る

建築史の世界へ進んでからも、現代の建築家の存在はずっと意識していました。だから、建築を見るとき、つくった建築家に負けないように、ちゃんと見ようと思ってきました。近代建築だけでなく現代建築も、あらゆる建築です。

建築をつくるっていうのは、ものすごく複雑でいろんなことが絡んでいる。まず施主がいる。お金もかかる、技術も必要。美学だけでなくて、文化、材料、設備、土台の問題から地震の問題から全部。そういうものを克服して、ひとつの建築ができている。そのエネルギーはものすごいわけです。それを思うだけでも建築家ってたいへんな人たちなわけで、それを軽々しくいいとか悪いとか言っちゃいけない。だから本気で見る。私は〝相撲を取るように見る〟と言ってます。つくった人が勝つか、私が勝つか、です。建物がいいか悪いかではない。つくった人が気がつかないようなことまで私が気づけば、私の勝ち。優れた建築は、本人も気づかなかった意味がいっぱい入ってる。だから、時代を超えられる。本人が自覚した点は本人が文章に書いているけれど、それはその時代のなかで考えたことで、時代が変われば消えていく。だけど時代を超えるものがある。それは本人も自覚していないことなんですよ。偶然もあると思うし、無意識もある。そういう質を持った建築は、本人が死んでも時代が変わっても生き続ける力がある。それを見抜くのが、私にとっては一番の勝ちです。

悪い建物でも、どこが悪いかをちゃんと言語化して指摘できたら私の勝ち。私の負けは、圧倒されて何も考えられなくなることです。言語化できない。

そうやってこれまで1万棟近い建築と相撲を取ってきました。日本だけでなく、世界中の建築を見ました。勝ち続けることもあるし、圧倒されて言葉が湧かないときもまれにあります。圧倒されて負けた時は、それはそれで気持ちがいい。年に1、2回はないと建築探偵はやってられない。自分の建築理解の限界の先にあるものに接することは大きな喜びです。

そのどれにも当てはまらない建築も、ごくまれにあります。最初に大学の授業で、ちっちゃな写真で見たチベットのラサのポタラ宮。これはもう、見ずには死ねないと思いました。でも当時、中国の奥地には行けなかったから、見る機会が来るとは思っていませんでした。のちに、中国の建築調査をやるようになって行く機会があり、初めて見たら、やっぱりイメージどおり、とんでもないものでした。ただ、建築としてはデザインとかプロポーションとか相当デキの悪いもので、でもそういうこととは関係ない状態に到っていると思った。４００メートルの高地の盆地の、その真ん中に丘みたいな山がそびえてる。山がそのまま建築になっていて、もうこれは天に届いていると思いました。建築として扱うものじゃない。だからもう自分のなかでは「別置き」。ガウディの建築なんかは、圧倒されて私が負ける建築のひとつですが、それとも違う。山を見ていいとか悪いとか言っても仕方がないのと同じで、人のつくった建築とは思えません。

建築の始点はスタンディングストーン

１９９３年、47歳のときに『日本の近代建築』上・下巻（岩波新書）を書いて、歴史家として通史を書くという役目は終えました。その2年前に、「神長官守矢史料館」が竣工して、はからずも建築家デビュー。それからは、建築をつくる側の仕事も増えていきました。

歴史をやっていたときと、通史を書いて歴史をとりあえず辞めたあとは、建築の見方が変わりました。通史を書く前は、書くために見ておかなければって対象があるわけです。日本の建築家たちが影響を受けたもの、あるいは日本へ来て仕事をした欧米の建築家たちの祖国における同時代のもの。コンドルであれば、その先生のウィリアム・バージェス（1827～81）という人がいるし、法務省をつくったヘルマン・エンデ（1829～1907）とヴィルヘルム・ベックマン（1832～1902）はドイツにも仕事があるわけです。ですから、18～19世紀の建物は、どの国のものも見ないといけない。一生懸命見てきました。

設計をやるようになってからは、好きなものだけ見ればいい。気楽です。そうなると、自分はゴシックは嫌い、ゴシックの前のロマネスクが好きだとわかる。ヨーロッパ中のロマネスクを見終わると、ロマネスクのもとになったローマ時代の初期キリスト教会がまだ若干世界には残っていて、だんだん遡っていくわけです。どんどん遡って、結局行き着いたのは、新石器時代のスタンディングストーン。あれが建築家としての私の終点になっています。世界の建築はあそこから始まっている。

普通、建築の歴史はピラミッドから始めます。ピラミッドは、時代でいうと青銅器時代。次がギリシャで、次がローマ、その次にロマネスクがあって、ゴシック。ピラミッドはポタラ宮と一緒で、人がつくったものというより、山とかに近い性格を持っている。だからこそ、ピラミッドからヨーロッパの建築史を始めるのは妥当といえば妥当なのですが、私は、そのもうひとつ前の時代、新石器時代のスタンディングストーンを見て、実感を持って、ああこれが建築の始点だと思った。私は世界で一番、スタンディングストーンを見ているかもしれない。

スタンディングストーンの最北は、スコットランドの果てのルイス島にあります。アイルランドのものも有名です。イギリスには、大変有名なストーンヘッジがある。ギリシャ、フランス、地中海の島々にもいくつもある。ずーっと東に来て、チベットにはなかったけれど、蒙古の平原には、私は見てないが、あるらしい。中国からは発見されてない。おそらく全部、倒して使われてしまったのだと思われます。アジアでは、台湾にものすごく立派なのがある。日本には、大量にあります。一番有名なのは、秋田の大湯《おおゆ》環状《かんじょう》列石《れっせき》。インディアンもいっぱいつくってます。石もあるけど、木でつくったものが多い。スタンディングウッズですね。

私が訪れた限りでは、メキシコまでありますす。南米にもあるという。新石器時代の人間の建築的表現は、スタンディングストーンあるいはスタンディングウッズです。ものにもよりますが、きれいなものです。日本でいえば大湯環状列石は、中心があって、そのまわりに空間が成立してる。石を立てることで印象深い外観が成立している。建築の外観。基本的には高さがあることで成立しているわけです。

新石器時代に生まれた太陽信仰と結びついていると思います。建築の起源は、太陽信仰を象徴する〝高さ〟だった。その次の青銅器時代に入ってから、高さをどんどん高くするためには横幅が必要で、おそらくそれがピラミッドです。まず高さがあって、次に広がりができて側面ができる。エレベーションが生じる。高さだけの段階が新石器時代で、エレベーションが生じたのが青銅器時代。理由はまったく同じ。ピラミッドのてっぺんは、昔は金箔が貼られていました。それはわずかに残っていた。ピラミッドのてっぺんが太陽の光を反射してピカピカ光る。太陽の船に乗って、王様の魂が天に行く。ピラミッドのそばからは、木造の船がその光に導かれ発見されています。

スタンディングストーンも、指導者の魂を天に届けるためにある。下に死体を安置して。いくつかの例は感動的ですよ。特にスコットランドの孤島ルイス島のものは建築として美しい。

私のまわりの人から、スタンディングストーンやスタンディングウッズは、御柱祭ともつながるんじゃないかと言われる。そっくりだなと思うのですが、私にその自覚はない。御柱祭にまつわる信仰は、自分にとっては自覚以前だから判断できない。まわりが言うから、そうかもしれない、くらいのところです。

御柱については立ってる印象より、立てる過程の印象のほうがずっと強いです。

人類は二度、建築をゼロからつくった

造形と言語の和は一定

私の場合、最初の設計は、現代建築をどうこうしようというより自分の生まれ育った場所の問題を解こうと思って始まりました。私にとっては重要な、精神的な信仰の家をつくったわけです。まわりの環境と守矢家の信仰を壊さないことが目的で、それ以上を考えたわけではなかった。

建築史家として自分の建築をどう見るのかと聞かれることがありますが、自分でやってることの意味は自分で考えないことにしています。自覚的にそうしています。

建築家のなかでも、原廣司《ひろし》（1936〜）や磯崎新《あらた》（1931〜）は理論を語るけれど、その理論だけによって建築をつくってるわけじゃない。一部を言ってるだけです。造形をつくっていくうえで大事なこと、譲れないところはあっても、そこには触れない。言わないし、理論化もしない。社会や建築界に通用する範囲での、先駆的なことだけ言っている。自覚的なんだと思います。

当たり前ですが、理論化は、言葉によってしかできない。言葉は、人間が生み出した最も抽象的なもののひとつです。一方、ものをつくることは、自分のなかの酵母のようなものがぐずぐずとした発酵状態にあって、そこから生まれてくる。言葉で理論化することは、そこに強い光を当ててるようなもので、だいたい酵母は死ぬ。そうした建築家を歴史家として見聞してきたから、自作の理論化には長年、用心してきました。大事なことはしゃべらない。

〝造形と言語の和は一定〟というのが私が編み出した法則です。わかりやすく示してくれたのは、モダニズム建築の元祖の一人ル・コルビュジエです。とても著作の多い建築家として知られています。「住宅は住むための機械である」とか『建築を目指して』など、名言、名著を残しています。つくった建築は20世紀建築に多大な影響を及ぼし、モダニズムの祖の一人と呼ばれています。しかしその建築家人生をながめていくと、代表作のなかでも、ダイナミックに自然の石を使ったり打ち放しを用いたりという独自のデザインを始めるのは、「スイス学生会館」（1932年）からで、言葉で語ったのはそれ以前です。自分のやり方を発見してからはしゃべっていない。なぜかと言うと、説明できないから。コルビュジエの一定の和は、若い頃は言語優位で、後半生は造形優位だったんだと思います。

藤森の法則の例は山ほどあって、戦前ドイツのデザイン学校バウハウスは、理論はヴァルター・グロピウス（1883〜1969）が、造形はミース・ファン・デル・ローエ（1886〜1969）が担当したといえます。だから、ミースは自作についてしゃべっていない。語ることに興味がない。理論はグロピウスに任せた、と考えていたはずです。

それは現代の建築家にも言えることです。安藤忠雄（1941〜）は、自作についての理論は語らない。世間に向けて言っているのは「木を植えましょう」くらいで、何も言ってないのと同じです。

丹下健三（1913〜2005）みたいに両方できる人がまれにいますが、両方できる人は理論をつくるけど、一部のことしか言ってない。私が自作について語るのは、他人から言われて、おおそうか、と思ってあれこれ考えた結果です。

はじめに言葉があった

そもそもモダニズム建築とは何か、ということです。

人類は二度、建築をゼロからつくる経験をしていて、最初は、新石器時代に石や木や土や泥などの手近な自然素材を使って建築をつくった。二度目が、産業革命以降の、鉄とガラスとコンクリートが登場したときで、近代建築、モダニズム建築です。

モダニズム建築は成り立ちからして、言葉と切り離せない関係にありました。20世紀初頭のヨーロッパにおいて、ルネッサンスやゴシックがリバイバルする歴史主義を否定して、20世紀という科学技術の時代にふさわしい建築をつくりたいと志した建築家たちのなかから生まれてきたからです。

しかし、実際に世間で通用する建築はゴシックだったり、従来のスタイルだけ。第2次世界大戦の前までは、世界中そんな様子でした。だから言葉しかなかった。何が科学技術の時代にふさわしい建築なのか、その正体は誰にもわからない。わかっているのは、いまの世間の建築がダメということだけ。だから言葉が先行するわけです。自分たちは科学技術の時代にふさわしい機能的な建築をつくろうとか、鉄とガラスとコンクリートを使おうとか。だけどそれがどういう形を取るかはわからない。いろんな人が個別に取り組んでいきました。

モダニズム建築は、まず言葉が、理論が優先して生まれてきた。このことはつまり、建築がどのように発生していくかの過程をよく表しています。現代建築は言葉がリードした。とすると新石器時代から青銅器時代にかけての最初の建築誕生のときは、何がリードしたんだろうかと考える。やはり神様ではないか。神様は実体がない。物的実体がない。抽象度においては、言葉も神様みたいなものです。

もしかしたら建築を生む力は、神様や言葉のような実用性を超えたところにあるのかもしれません。敵が来るから守ろうとか風雨を防ごうというような実用性を超え、実体のないものを表わそうとしたときに表現が生まれる。

石とか木とか、自然の材料でつくっていた時代に建築を生み出したのは神様で、20世紀に、鉄とガラスとコンクリートで建築をつくろうとなったとき、それを導いたのは言葉だった。

住宅は無意識の器

工業材料だからこそ実現したモダニズム建築は、その土地の歴史や気候風土に左右されないインターナショナルなものです。伝統的な様式からは、意識的に離れた建築です。ヨーロッパの建築家によって始められたモダニズム建築は、アメリカに渡りアジアに広がり、世界を席巻したかのように見えます。でも実は、棟数でいったら少数。本家ヨーロッパでも、モダニズム建築はオフィスや公共建築は席巻してますが、住宅では少数です。

ヨーロッパにおいて、建築（アーキテクチャー）というのは記念碑性、公共性を持つものを指します。教会や宮殿、官公庁や駅舎こそが建築で、住宅すなわち民家は、建築とは違う〝ビルディング〟です。アーキテクチャーとビルディングを一緒に扱ったのも、モダニズムの特徴です。モダニズムは伝統から切り離された存在ですから、宗教建築を問題にしなかった。まず住宅を中心につくり始めました。コンクリートや鉄骨でできたガラス張りの四角い住宅。それまでの住まいからすれば、かなりヘンなものです。そういう住宅の設計を建築家に依頼する建て主はごく限られた人で、その点でいうと、いまや日本のほうがよほど、ガラス張りやコンクリート打ち放しの住宅の設計を建築家に依頼する人が多い不思議な国です。

とはいえ、日本でも住宅においてはごく少数派であることは変わりません。こうしていま東京の郊外にある仕事場のマンションから階下の風景をながめれば、建築家が設計した住宅など見当たりません。モダニズムの影響を受けた建築はほとんどない。建築家が設計する住宅は日本の住宅全体のわずか数パーセントで、あとはハウスメーカーや工務店がつくる住宅やマンションが大半を占めています。なぜか。住宅が無意識の器だから。一方、建築家が設計するモダニズム建築は意識の器です。

勤め先のオフィスビルや学校はモダンな器でもいい。今日、自分は何をしなくちゃいけないのか、なぜ自分はここにいるのか、意識して出かける場所だから。当然、社会的なつきあいもあるし、ルールもある。着るものもやることも社会的に決まってる。でも、家に帰ってくると、そういう外の社会とつきあうために必要なものは全部忘れてしまいたい。それが人間です。もっというと、意識的な世界と意識的でない世界を行ったり来たりして、毎日なんとかバランスをとっている。意識的な世界を脱し、無意識の自分を受け容れてくれるのが住宅です。だから建築家個人の表現なんてあっちゃいけない。他人の表現なんて必要ない。そういうものとしてずっと住宅はあったし、いまも基本的には続いています。

モダニズム建築が誕生した時、無意識の器としての住宅と、意識の器としての記念碑的で公共的な建築がふたつ一緒に生み出されたのは、ゼロから始めるという例外的な創造の時だったからです。建築の二度目の創世記です。

5000年くらい平気で変わらない

その無意識の重要さに気づいたのが柳田國男（1875〜1962）です。柳田國男が、ヨーロッパの分析の考え方を用いて、日本人が気づいてない日本人の心のなかにあるものはなんだろうかと、いろいろ聞き取りをし、日本の民俗学を確立しました。柳田國男が、建築家たちより先に民家に関心を持つ。無意識の器として日本人の心を容れているのが民家だろう、茅葺きの民家のなかに日本人の無意識が詰まっている、と思ったわけです。

戦後に、いまの厚生労働省が健康状態を調査するために東北地方の土間の暮らしを調べたら、床のない家、つまり地べたに茣蓙《ござ》を敷いて暮らしてる家がある地方になんと4万棟もあった。そこに住む人たちが、床のある家の存在を知らないわけじゃない。みんな知ってる、だけどべつにいいんです、ずっとそのように暮らしてきたから。しかし、国としてはこれではまずいってことになって、生活改善政策が行われて、いまのような、床の上の暮らしに向かっていくことになります。4万棟あったということは、江戸時代の初期だったら、たいてい土間暮らしだったと思います。京都の町家跡を掘ると、床を敷いたあとがないそうですから。日本人は、相当ながく、床のない生活をしていた。

だから住まいっていうのは、平気で5000年くらい変わらないんです。土間に暮らして、屋根のてっぺんに草を植えて。世の中はどんどん変わっていくし、お寺のような立派な建物だって目にしてる。勉強もするから、建物に関する知識もある。でも、それは自分の暮らしとは関係ない。無意識の世界は昨日と変わらないものだから。昨日と変わらない限り意識はされないのです。私の子どもの頃の日常生活が、江戸時代の暮らしとほぼ変わらなかったことが証拠です。

よほど追い詰められない限り、特に住むことに関して人は旧状を保とうとする。住生活の大事な特徴だと思います。住むことは保守的で、それが人の心のなかに安定性を与えているといえます。

伝統が根深いところで壊された

日本人のその無意識の器のなれの果てが、ハウスメーカーの住宅です。ハウスメーカーのつくる住宅は、モダニズムとはまた別の意味で国籍不明のとても不思議なものだと思いますが、なんであありうデザインになっているかというと、一番いまの日本人の無意識に近いからです。日本人の無意識がどう変わってきたかは興味深い問題です。まず、明治以降にガラガラと変わりはじめ、さらにもう一度、戦後、大きく変わる。すると国籍不明の不思議なものに収束してゆく。

伝統が根深いところで壊されたからです。壊さないと近代化ができなかった。アジア特有の現象で、ヨーロッパは近代化を生み出した側だから壊されることはなかったけれど、アジアは借りてきたものだから混ぜるしかない。破壊か、新しいものを混ぜてぐちゃぐちゃにしていくしかない。

壊されてしまったあと、もう立ち直ることはないでしょう。見失ったというより、壊されたから探しようがないし、見つかっても断片。無意識の部分は修復できない。身も蓋もないけど、でも、そう思ってます。

ただ日本の場合、かろうじて救われたのは伝統建築の理想形がすでに完成していたことです。数寄屋《すきや》とか茶室とか。それらがかろうじて昔とつなげている。意識して守ってる感じ。伝統の木造は、実際には身の回りにはもうないけれど、それを極めて意識的に評価してかろうじてつないでる。その象徴が、制度としては天皇だし、千家などの茶道とか神社とかの存在です。みんなが何かにつけて神社に行ってお参りするのは、伝統とかろうじて連続性を保っている証拠だと思います。伊勢神宮の遷宮にあんなに一生懸命になるのは、もうあれしかないからです。

めちゃくちゃになったけど、無意識の器である住宅のなかに、変わらなかったことがふたつある。ひとつは靴を脱ぐこと。もうひとつは、南に向けて大きな開口部を取ることです。マンションにはたいていベランダがあって掃き出し窓の開口部がある。欧米にはないこのふたつが残っただけでもよかった。なぜ残ったのか理由はわからない。説明できないからこそ無意識なんです。

世界中に脱がない人がいるから、どっちがいいとかの正しいということではない。日本人は、引き戸を開けて外にすぐ出たい。扉ではなく、引き戸でベランダ。襖《ふすま》や障子と同じように、横に開いて広いところにすっと出る。あれが気持ちいいと無意識に感じている。高層のマンションを除くと、おそらく外に出られる掃き出し窓がないマンションは少ないと思います。超高層マンションは風のためそうもいきませんが。

木造だけど木が見えない

ハウスメーカーの家の無国籍な感じは、外壁に使われている材料によるところが大きい。木造のわりに木が見えてないことに意外とみんな気づいていていない。これはもう法律のせいです。

大正8年、内田祥三《よしかず》（1885～1972）という火事に詳しい建築の大家が決めた防火に関する法律（市街建築物法）によるものです。簡単にいうと、都市部において新築するものは、外に木を出してはいけません——というルール。内田さんは、火事は軒先から軒先へ火が移っていくということを知っていて、垂木を絶対に外に見せてはいけないとした。必然的に、木造であっても外側はモルタルでくるむしかなくなるわけです。法律によって、都会の建築の外側から木は消えていきました。

ただ、それによって失われたものは大きかった。いまみたいな東京の景色でも、外壁に木が見えていたら、印象は全然違うでしょう。内田祥三は、晩年、関野先生と一緒に街を見て歩きながら「間違ったかなあ」って言ってます。もう遅い。

でも木造でありながら室内に入らない限りは見えない、ってことに気づいてないんですよ。

内田大先生が、あの時点で、木をモルタルで塗りこめるだけじゃなくて耐火の木造を考える方向にも行ってくれたら、後の様子はだいぶ変わったでしょう。科学の力で、耐火とか腐朽《ふきゅう》を防ぐ研究に力を入れていたら。戦後のドイツは、オスモとかキシラデコールとか木の風合いを残してなおいい状態を保つ塗料が開発できたんです。しかしそのドイツも木造の防火はやってない。

さらに日本の大きな不幸は、戦後、建築学会を中心に公共性のある建築において木造を禁止する宣言を出した。当時の学者、建設省、建築家、ゼネコン、こぞって木造はやめようと宣言した。だから戦後に建てられた小学校などは、木造ではなくみんな鉄筋コンクリート造です。日本には優れた化学塗料の会社があるのに、木の耐火や腐朽を防ぐための塗料の開発など進むはずもない。使われる場所がないわけですから。

なぜ戦後、木造禁止宣言までしたのか、簡単ではありません。私の世代が影響を受けてきた住宅建築を多く手がける先輩世代の建築家たちは、意識的に積極的に木造で住宅をつくらなかった。最小限住宅の金字塔ともいえる「塔の家」の設計者である東《あずま》孝光《たかみつ》さん（１９３３～２０１５）などがまさにそうですが、わずか6坪しかないあの家を、鉄筋コンクリートでつくった。どんなに小さくても、燃えないものでつくりたかった。空襲を体験したからです。私は経験がないから、聞いてびっくりしました。理屈じゃない、火の中を逃げまどった経験があの世代をそうさせている。

建築基準法も改正されて、耐火性の木材も開発が進み、外側にも木を使えるようになりましたし、木造校舎もずいぶん増えましたが、それは最近のことです。

自然というわけのわからないもの

歴史をやってきて思ったのは、歴史は予想すると、歴史のほうで予想をはずそうとすることです。マルクスが生まれなければ、資本主義国で革命はほんとに起きていたかもしれない。マルクスは革命は必然だって言う。そう言ったから、革命を嫌がるほうは全力をあげて対策を立てる。日本政府も明治の末に、内務省が革命を防ぐために、都市の矛盾と農村の矛盾を一気に解決する方法はないかと田園都市の研究を始める。そういう努力を続けると、うまく危険をのがれることができる。

歴史を動かしてるのは集団的な無意識で、そこにまで働きかけるほどの理論が出てくると回避するんじゃないか。だからいまのように日本をはじめ世界的に中産階級がやせ細っていくと、国民国家とは違う形になるという予想がどんどん出てくる。どうしよう、まずいだろうということになると回避する。まずいと言わないと、きっとまずいまま行ってしまう。

しかしながら、予想は言葉でしか論議できない。私たちが若い頃、大阪万博をリードした人たちによる未来学会というのがあって、いまとなってはそんなのどっかへ行っちゃいました。予想ははずれるものです。

これからの建築はどうなっていくか。わからないけれど、私にとって最初から最大のテーマである自然と建築の関係は、21世紀にはますます大きなテーマになっていくと思います。自然との折り合いはモダニズム建築が扱わなかった問題で、自然についてはー時のコルビュジエの屋上庭園の主張をのぞいて、何も述べていない、いいとも悪いとも言わない。20世紀の科学技術万能の思想でヨーロッパの建築家たちは建築をつくっていくわけですが、そのなかでは自然は扱えなかったんだと思う。科学的な思考が自然を捉えるようになるのは生態学においてですが、そう古いことではない。自然というわけのわからないものの全体は、いまだに捉えられない。

建築界以外の人が、私の仕事に関心をもってくれてるのは、自然を建築に取り込む表現に関心があるからでしょう。モダニズムの原理である科学技術に自然を着せたやり方を面白いと感じてくれている。建築と住宅が今のままでいいのかな、と肌で感じているのかもしれません。

私の建築を、エコロジーやＤＩＹのカテゴリーで見る人もいますが、違う。エコロジーから建築と自然に取り組んでいるシーンを見ると、おしなべて面白くない。何かが足りないか過剰。もちろんすごく大事なことなので否定したりはしません。私は、自分のやり方を人にやりなさいとは言わないし、逆に私を真似る人もいない。いろんな条件のおかげで私の建築は可能になっているにちがいない。

未来の予想ははずれるからしませんが、あえていうと、自分のまわりで私がいいと思う建物が年にひとつずつでもできてくればいい。未来の姿であろうとなかろうと、未来が決めることです。

ミースでもコルビュジエでも、一流の建築家の仕事は、本人の考えた内容で生き残っていくわけじゃない。本人が考えもしなかったものがなかにあって、それで生き残っていく。たとえば、ルネッサンスの絵。エル・グレコ（１５４１〜１６１４）は、ひたすらキリストを描いて信仰を表現した。だとしたら、キリスト教徒以外は面白くもなんともないはずですが、今日まで残ってきたのは、われわれの胸を打つものは、グレコ自身は気づかなかったところにあるんですよ。そこに表現の持つ力がある。

私の建築に何か訴えるものがあれば、私の気づかないところで発見されて、残っていくのかもしれないと思っています。

部屋は一人の住宅は家族の建築は社会の記憶の器。自力でも誰かに頼んでもお金はかけてもかけなくても脳を絞り手足を動かして作れば大丈夫。器が消えると記憶もこぼれて消えるでしょう。個人も家族も社会も記憶喪失ご用心。

藤森照信

略歴

一九四六年 〇歳 一一月二一日、長野県諏訪郡宮川村高部（現在の長野県茅野市）に、江戸時代に建てられた家の産屋で生まれる。教員の父、上諏訪の棟梁の娘である母、姉が一人。
一九五一年 四歳 保育園に入園。雪の日の園庭で、ままごと用のお椀ふたつに雪をすくって合わせると、きれいな雪玉が簡単につくれることを発見。工夫してものをつくる楽しさに目覚める。
一九五三年 六歳 村立宮川小学校入学。上野動物園の古賀園長に憧れて、動物園の園長になりたいと思っていた。
一九五四年 七歳 生家の建て替え。母の実家の工務店が工事を担当して、泊まり込みで仕事をする古参の棟梁のもと、一年間、大工仕事を手伝わされる。
一九五六年 九歳 近くの山で、神隠しにあいそうになる。
一九五七年 一〇歳 友人家族と父とともに出かけた伊豆で、生まれて初めて海を見る。
一九五九年 一二歳 茅野市立宮川中学校に入学。
一九六二年 一五歳 長野県立諏訪清陵高校に入学。隣の家に住む新聞記者が、肩にカバンをかけメモを取る姿がカッコよく、新聞記者に憧れる。
一九六四年 一七歳 学友会長になる。大学受験で東京に行き、生まれて初めて信号を渡る。
一九六五年 一八歳 東北大学工学部に入学。大学にがっかりし不適応をおこす。授業には出ずに下宿に引きこもり、本ばかり読む日々を送る。
一九六七年 二〇歳 工学部のなかで唯一、歴史を学べるという理由から建築学科に進学。その風貌から、仲間うちから「先生」と呼ばれる。
一九六八年 二一歳 「日韓ユネスコ学生交換計画」で、一週間の韓国旅行に行く。鈴木美知子と出会う。
一九六九年 二二歳 卒業論文「山添喜三郎伝」提出。

一九七〇年　二三歳　留年。卒業設計「橋――幻視によってイマージュのレアリテを得るルドー氏の方法」提出、全国卒業設計展に出展。
一九七一年　二四歳　東京大学大学院建築学専攻修士課程（村松貞次郎研究室）入学。建築史家の道に進むことを決意する。
一九七二年　二五歳　修士論文を提出。鈴木美知子と結婚。
一九七三年　二六歳　博士課程に進学。
一九七四年　二七歳　堀勇良と「建築探偵団」を結成。近代建築のフィールドワークを始める。
一九七五年　二八歳　日本建築学会大会で「看板建築の概念について」を発表。
一九七六年　二九歳　建築史家の長谷川堯のすすめで、建築探偵を名乗った初めての文章を建築関係の雑誌に書く。それが『流行通信』の平野民子、『銀花』の萩原薫、筑摩書房の松田哲夫の目にとまり、一般誌から注目されるきっかけとなる。自宅「セキスイハイムM1」を購入。
一九七八年　三一歳　博士課程満期退学。
一九七九年　三二歳　博士論文「明治期における都市計画の歴史的研究」を提出。著書『日本の建築（明治大正昭和）3 国家のデザイン』（三省堂）刊行。
一九八〇年　三三歳　『日本近代建築総覧　各地に遺る明治大正昭和の建物』（日本建築学会編　技報堂出版）刊行。
一九八二年　三五歳　東京大学生産技術研究所専任講師となる。この年刊行した、博士論文をまとめた『明治の東京計画』（岩波書店）で、第三七回毎日出版文化賞、第九回東京市政調査会藤田賞受賞。
一九八五年　三八歳　東京大学生産技術研究所助教授に就任。
一九八六年　三九歳　「路上観察学会」発足。『建築探偵の冒険　東京篇』（筑摩書房）刊行、一九八六年度サントリー学芸賞受賞。
一九八七年　四〇歳　『週刊朝日』にて、連載「建築探偵東奔西走」開始。夏休みに、茅野の実家近くに、子どもたちと「自家用縄文住居」を建設する。
一九八九年　四二歳　日本近代建築史の通史の執筆にとりかかる。「神長官守矢史料館」の設計を開始する。
一九九一年　四四歳　設計処女作「神長官守矢史料館」が、長野県茅野市に竣工する。
一九九三年　四六歳　建築史家としての集大成『日本の近代建築』上・下巻（岩波新書）を刊行。

一九九五年　四八歳　自宅を自らの設計で建て替え、「タンポポハウス」竣工。
一九九七年　五〇歳　「ニラハウス」竣工。このときから、素人施工集団「縄文建築団」を結成。「ニラハウス」で第二九回日本芸術大賞を受賞。「天竜市立秋野不矩美術館」竣工。
一九九八年　五一歳　東京大学生産技術研究所教授に就任。「藤森照信　野蛮ギャルド展」開催（東京・乃木坂　ギャラリー・間）。「日本近代の都市・建築史の研究」で日本建築学会論文賞を受賞。
二〇〇〇年　五三歳　「熊本県立農業大学校学生寮」竣工、この建築で二〇〇一年日本建築学会作品賞を受賞。幼少期の出来事を綴った『タンポポの綿毛』（朝日新聞社）刊行。
二〇〇二年　五五歳　評伝『丹下健三』（丹下健三共著、新建築社）を刊行。
二〇〇三年　五六歳　「南方熊楠顕彰館」コンペに参加するも落選。敬愛する南方熊楠に「あの世で会ったときに、何でコンペに参加しなかった、と言われないように応募した」。
二〇〇四年　五七歳　実家の畑のなかに「高過庵」を建設、竣工する。海外のメディアからも注目されるようになる。
二〇〇六年　五九歳　第一〇回ヴェネチア・ビエンナーレ国際建築展日本館コミッショナーに就任、自ら出品者となり会場構成をする。
二〇〇七年　六〇歳　前年にイタリアで開かれた、第一〇回ヴェネチア・ビエンナーレ国際建築展の帰国展（東京オペラシティアートギャラリー）を開催。「焼杉ハウス」竣工。のちに焼杉が、米国で人気の建材になる。
二〇一〇年　六三歳　茅野市美術館で「藤森照信展　諏訪の記憶とフジモリ建築」開催。美術館企画のワークショップに参加した市民や地元の職人たちと「空飛ぶ泥舟」をつくる。東京大学退官。工学院大学教授に就任。
二〇一一年　六四歳　「空飛ぶ泥舟」を、地元の幼なじみたちの手を借りて実家の畑のなかに移築。
二〇一四年　六七歳　工学院大学を定年退職。
二〇一五年　六八歳　たねやグループの「ラ コリーナ近江八幡」に店舗「草屋根」が竣工。
二〇一六年　六九歳　同じく、店舗「栗百本」、オフィス「銅屋根」が竣工。「多治見市モザイクタイルミュージアム」竣工。東京都江戸東京博物館館長に就任。
二〇一七年　七〇歳　「空飛ぶ泥舟」「高過庵」と同じ敷地内に「低過庵」を建設、竣工。
二〇一九年　七二歳　長年放置していた自宅「タンポポハウス」の屋根に、土を入れ直し芝を植え、再生にとりかかる。現在も継続。

のこす言葉 KOKORO BOOKLET
藤森照信 建築が人にはたらきかけること

発行日——2020年2月19日 初版第1刷
著者——藤森照信
構成・編——佐野由佳
発行者——下中美都
発行所——株式会社平凡社
〒101-0051 東京都千代田区神田神保町3-29
電話 03-3230-6583〔編集〕
03-3230-6573〔営業〕
振替 00180-0-29639
印刷・製本——シナノ書籍印刷株式会社
写真——鈴木愛子（カバー表、ポートレート、23頁）
装幀——重実生哉

ISBN978-4-582-74123-0
NDC分類番号521.6 B6変型判（17.6cm） 総ページ128
平凡社ホームページ https://www.heibonsha.co.jp/